Katharina Zechlin

Modellieren
mit Kindern

Ton, Modelliermassen, Salzteig, Marzipan, Papiermaché

Frech-Verlag Stuttgart

Auflage: 5. 4. 3. 2. | Letzte Zahlen
Jahr: 1991 90 89 88 87 | maßgebend

ISBN 3-7724-1094-4 · Best.-Nr. 1094
© 1987

frech-verlag
GmbH + Co. Druck KG Stuttgart
Druck: Frech, Stuttgart-Weilimdorf

Eine gewerbliche Nutzung der gezeigten Arbeiten ist nicht gestattet.

Ob an einem regnerischen Nachmittag am Familientisch oder im Kreis auf einer Sommerwiese sitzend – das Modellieren mit Kindern macht allen immer einen Riesenspaß!

Denn bekanntlich „matschen" sie für ihr Leben gern. Und sie gehen so frisch und unbefangen ans Werk, wie die Erwachsenen es nicht mehr können, bei denen jede Arbeit „gelingen" soll. Bei den Kleinsten ist das „Machen", die Tätigkeit des Formens das Wichtigste und ein elementares Bedürfnis. Die Ergebnisse sind ihnen gleichgültig, ja sie zerstören meist sofort wieder auch solche Arbeiten, die wir aufhebenswert finden. Die Hilfestellung des Erwachsenen besteht denn auch darin, das Material aufzubereiten, und die Kleinen bei ihrer Tätigkeit zu ermuntern und gebührend zu loben.

Ältere Kinder dagegen möchten gern, daß ihrer Arbeiten vor ihren und den Augen der Erwachsenen „gelungen" erscheinen. Außerdem sollen sie dauerhaft sein, und auch zu Geschenktagen möchten sie etwas herstellen, das hübsch und vielleicht sogar nützlich ist. Daher brauchen sie praktische Tips, helfende Hinweise und Anregungen, wenn sie nicht weiterwissen. Und natürlich auch viel Lob!

Dies Buch zeigt Ihnen, welche Modelliermassen für Kinder von etwa 4-12 Jahren geeignet sind, und wie Sie die Kinder von einfachen bis zu schwierigen Arbeiten unterstützen und fördern können. Außerdem gibt es anhand der Beispiele Anregungen zu kindgerechten Themen.

Das erste Kapitel, das sich mit dem Werkzeug und der Beschreibung der geeigneten Materialien befaßt, ist in erster Linie für die Erwachsenen gedacht. Der Rest des Büchleins eignet sich auch zur selbstständigen Benutzung durch die Kinder.

Werkzeuge und verschiedene Massen zum Modellieren

Werkzeug

Das wichtigste und immer verfügbare Werkzeug sind die Hände, mit denen die Kinder fast alles formen können.

Nützlich sind auch noch:
für feine Musterungen: Zahnstocher oder Nägel
zum Abstechen von Modelliermasse: ein Messer oder ein Draht
zum Ausrollen von Platten: Nudelholz, Rundholz oder Flasche
als Unterlage: Span- oder Sperrholzplatte, für Kunststoffmodelliermassen Plastikbrettchen oder Wachstuch

Wenn größere Kinder viel modellieren, können Modellierhölzer nützlich sein, mit denen sich Feinheiten herausarbeiten lassen. Brauchbar ist auch eine Aushöhlschlinge, mit der man dicke Figuren leicht aushöhlen kann. (Im Foto unten zu sehen.)

Bei den Kindern sehr beliebt ist eine Knoblauchpresse, weil man durch Durchquetschen von Salzteig oder Modelliermasse so schöne kleine „Würstchen" erzielt. Damit lassen sich z.B. Haare u.ä. formen.

Eine Auswahl an Modelliermassen, die man im Bastelladen kaufen kann und die im folgenden beschrieben werden.

Modelliermassen, die man kaufen kann

Im Bastelladen gibt es eine breite Auswahl von Modelliermassen und Tonen. Die folgende Aufstellung gibt eine kurze Übersicht über die unterschiedlichen Eigenschaften und Anwendungsmöglichkeiten speziell für Kinder.

Ton
Ton ist das ideale, preiswerteste und natürlichste Modelliermaterial und besonders für Kinder geeignet. Es ist leicht zu formen, angenehm in der Hand, und das Zusammenfügen von Teilen zu Figuren ist sehr einfach. Besonders zu empfehlen, wenn man an Material nicht sparen möchte, und aus Preisgründen auch für große Teile geeignet.
Ein Nachteil ist jedoch, daß er, um richtig hart und stabil zu werden, bei etwa 850 Grad im Keramikofen gebrannt werden muß. In vielen Schulen und Volkshochschulen und auch in Bastelgeschäften gibt es aber Brennmöglichkeiten.
Normal luftgetrockneter Ton wird zwar hart, ist aber spröde, so daß er hauptsächlich für Ziergegenstände, die nicht sonderlich beansprucht werden, oder zu Übungszwekken empfohlen wird.
(Eine Tonmasse, die lufttrocknend härter wird, kann man selbst herstellen, siehe dazu entsprechendes Kapitel).
Ton erhält man fertig angemischt in Bastelgeschäften, Töpfereien und Ziegeleien in Weiß-, Terracotta- und Braunbrennend. Für Modellierarbeiten mit Kindern wählt man Ton mit mittelfeinem bis grobem Schamotteanteil.
Wenn man viel Tonarbeiten machen möchte, die auch gebrannt oder sogar glasiert werden sollen, erfordert das ein gründlicheres Wissen, als dieses Büchlein bieten kann. Aber für kleinere Arbeiten mit Kindern, die in diesem Buch gezeigt werden, reichen die folgenden Hinweise aus.

Etwa faustgroße Klumpen Ton werden mit einem Messer oder Draht vom Batzen abgestochen und kräftig durchgeknetet, um eventuelle Lufteinschlüsse zu entfernen. Diese würden durch das Ausdehnen in der Hitze des Brennens die Figuren sprengen. Dicke Teile (ab etwa 3 cm ⌀) müssen mit einem Küchenmesser oder einer Drahtschlinge von unten ausgehöhlt werden, wenn sie gebrannt werden sollen. Es reicht auch in vielen Fällen, wenn man mit einer Stricknadel Luftkanäle einsticht. Vor dem Brennen, je nach Dicke, 1-3 Wochen auf einem Gitter trocknen lassen.
Einzelteile beim Zusammensetzen gut verstreichen oder mit Tonschlicker (siehe Kapitel) verbinden.
Luftgetrockneter Ton läßt sich nach dem Trocknen bemalen und mit glasurähnlichen Lacken sogar wetterfest machen.

Die Arche Noah mit einem abnehmbaren Zwischendeck hat der Vater gebastelt. Die Kinder und ihre Freunde (alle zwischen 4 und 12 Jahre alt) haben die Tiere, den Noah und seine Frau aus Ton dazu geformt. Ständig wird die Arche mit neuen Tieren ergänzt. Daher passen sie in der Größe nicht immer perfekt zueinander. Das macht aber beim Spielen gar nichts aus. Wenn Du auch Tiere aus Ton formen möchtest, lies zuerst die Anleitung auf den Seiten 12-14.

Tonähnliche Modelliermassen, die an der Luft trocknen
(Markennamen z. B. Keramiplast, Dalliplast, Das-pronto, Efaplast, Tonal, Keramika, Backton)

Diese gebrauchsfertigen Massen gibt es weiß- und terracottafarben (Tonal auch in Oliv und Blau) zu kaufen. Sie sind sehr fein formbar, härten an der Luft zu nicht ganz bruchfesten Figuren mit relativ glatter Oberfläche aus. Man kann sie mit allen Farben bemalen, auch bedingt wetterfest machen durch gründliches Lackieren. Mißlungenes läßt sich wieder einsumpfen. Das Zusammenfügen von Teilen ist für Kinder nicht ganz so einfach wie beim Ton. Wegen des relativ hohen Preises eignen sich diese Modelliermassen hauptsächlich für kleinere Arbeiten, sofern man nicht einen Kern aus Papierknäueln o.ä. benutzt. Backton hat als Besonderheit, daß man ihn im Backofen bei 150 Grad noch weiter erhärten kann.

Bild unten:
Die appetitlichen Früchte, Lollies, Brezeln und Tortenstückchen sind aus verschiedenen Resten von tonähnlicher Modelliermasse entstanden und bunt bemalt worden. Man kann damit Kaufmann spielen, wie Martin es hier tut, oder die Früchte auf der Schale hübsch anordnen – nur zur Augenweide.
Bild rechts:
Solche kleinen Tiere zum Spielen aus Fimo kannst Du auch formen.

Kunststoffmodelliermassen, die im Backofen härten
(Markenname z. B. Fimo, Cernit)

Dies sind Massen, die mit den Händen zunächst weichgeknetet werden und im Backofen bei etwa 130 Grad Hitze hartgummiähnlich, mit sehr glatter, matter Oberfläche härten. Sie sind in vielen Farben erhältlich, u.a. in „Transparent", das eine milchglasähnliche Farbe hat. Jeder erdenkliche Farbton läßt sich außerdem mischen. Die Masse ist sehr fein ausformbar und auch in flachen Teilen recht stabil. Das Material ist ziemlich wasserfest und läßt sich mit Acryllacken glänzend oder seidenmatt lackieren. Dadurch wirken die Farben leuchtender.

Härten: bei 130 Grad (Fimo) und 150 Grad (Cernit), je nach Dicke der Teile 10-20 Minuten, auf einer Unterlage aus Alufolie oder Backtrennpapier. Cernit hat als Besonderheit, daß man es auch in kochendem Wasser härten kann.

Das Zusammensetzen von Teilen ist für Kinder etwas schwierig, wenn diese nicht gründlich verstrichen werden, und das ist bei diesem Material nicht ganz einfach. Mit Streichholz- oder Drahtstücken lassen sich Teile stabiler verbinden.

Ein Vorteil ist, daß man nicht aufs Trocknen warten muß, sondern gleich gebrauchsfertige Figuren hat.

Bei Kindern ist noch zu beachten, daß auf dem Teppichboden eingetretene Krümel schwer zu entfernen sind!

Fimo und Cernit eignen sich besonders für Schmuck, Reliefs und kleine Spielfiguren.

Nina benutzt hier eine Schildkröte als Halter für Filzstifte, den ihre Schwester Miriam aus Colorplast gebastelt hat. Der Panzer wird über einem Kern aus zusammengeknülltem Zeitungspapier geformt. Eine ausgerollte Platte Colorplast halbkugelförmig darüberlegen. Mit einem Filzstift Löcher einstechen, die etwas größer sein müssen, weil das Material beim Trocknen schrumpft. Die Beine aus Röllchen formen und gut andrücken. Die Verzierungen am besten mit Spucke festdrücken. Nach 2 Tagen Trocknungszeit das Zeitungspapier entfernen. Stifthalter kannst Du auch gut aus Ton oder Holzmodelliermasse formen.

Kunststoffmodelliermassen, die an der Luft härten
(Markenname z. B. Colorplast)

Besonders für Kinder geeignet ist die in 8 leuchtenden Farben erhältliche Modelliermasse, die an der Luft recht hart wird. Sie läßt sich fein ausformen und ist angenehm anzufassen. Die Farben lassen sich durch Zusammenkneten gut mischen.
Colorplast trocknet zwar ohne Risse, schrumpft aber im Volumen ziemlich. Daher etwas größer als das beabsichtigte Maß herstellen.

Lackierte Gegenstände sind gut wetterfest, mißlungene Teile lassen sich nicht wieder aufweichen. Schwierig ist das Zusammenfügen von Teilen, das die Kinder erst üben müssen, denn die Masse haftet schlecht aneinander. Und sehr sorgfältig müssen angebrochene Packungen zum Aufbewahren in Folie gewickelt werden.

Besonders geeignet für kleinere Figuren, die strapazierfähig sein sollen, z. B. „Ware" für den Kaufmannsladen, Figuren für Brettspiele, Püppchen und Teile für Puppenstuben.

Holzähnliche Modelliermassen, die an der Luft härten
(Markennamen z. B. Plastika, Plastiform, Holzy, Papeture)

Als Pulver bekommt man diese Massen zu kaufen (Ausnahme Holzy, das fertig angeteigt ist). Mit Wasser werden sie angeteigt und verknetet. Das macht Kindern einen Riesenspaß, aber es staubt und krümelt auch. Diese Massen sind nicht besonders fein formbar, die Oberfläche der Figuren ist rubbelig, und die Teile haben nach dem Trocknen ein holzähnliches Aussehen. Sie sind recht hart, lassen sich glatt schleifen, sogar sägen und bohren. Außerdem ist das Material schwimmfähig und bei gründlicher Lackierung wasserfest. Auch an bereits getrocknete Teile kann man jederzeit neue ansetzen, da die Haftung recht gut ist. Ein Vorteil ist auch, daß diese Masse nach dem Trocknen leicht, aber stabil ist. Deshalb besonders geeignet für strapazierfähiges Spielzeug, Kasperköpfe, Schiffe, zum Umkleiden von Unterkörpern aus Stein oder Papierknäueln.
Zu beachten ist auch, daß die Teile je nach Dicke etwa 2-5 Tage trocknen müssen, bevor sie bemalt werden können.

Modelliermassen, die man selber herstellen kann

Selbsthärtender Ton

Einen Ton, der viel härter wird als normal lufttrocknender Ton, kann man sich selbst herstellen. Verkneten Sie 500 g (etwa zwei faustgroße Stücke) gebrauchsfertigen Ton mit etwa 40 g (⅓ Joghurtbecher) Kunstharzbinder (Farbengeschäft) gründlich. Durch diesen ungiftigen Zusatz (auf Latex-Basis) wird die Tonmasse sehr geschmeidig und sehr gut formbar. Getrocknet wird wie normaler Ton, man kann aber auch nach einem Tag Trockenzeit die Teile im Backofen, bei 50 Grad beginnend bis zu 150 Grad, trocknen und härten. Je nach Dicke der Teile dauert das 1-2 Stunden. Die Oberfläche wird angenehm glatt, man kann sie noch fein schleifen, bemalen und wetterfest lackieren.

Statt Kunstharzbinder kann man auch Weißleim (z. B. Ponal) zufügen, allerdings riecht die Masse dann unangenehm.

Aufbewahrt wird dieser Ton ebenfalls im Plastikbeutel. Ein Vorteil ist, daß man die Arbeiten, sollte man Gelegenheit dazu bekommen, trotzdem noch im Tonofen brennen kann.

Auch Zusätze von Zementmassen (z. B. Fugenweiß, Moltofill u. ä.) sind möglich und härten den Ton, nur müssen sie bald verarbeitet werden, d. h. in der Abbindezeit des Zusatzes.

Die Eule wurde aus holzähnlicher Modelliermasse geformt und hat einen Unterbau aus Steinen. Wie man das macht, kann man auf S. 23 nachlesen.

Der kleine Ruderer aus selbsthärtendem Ton ist eine der ersten Modellierarbeiten des 4jährigen Martin.

Salzteig

Ein bekanntes Material, das viele Vorteile hat. Man hat die preiswerten Zutaten im Haus und kann jederzeit etwas Modelliermasse schnell herstellen. Für erste Modellierarbeiten bei Kindern sehr gut geeignet. Vorteilhaft ist auch, daß es keinen Schmutz macht – Krümel lassen sich leicht nach dem Trocknen aufsaugen.

So setzen Sie Salzteig an:
1 Tasse Mehl, 1 Tasse Salz und ½ Tasse Wasser gründlich verkneten, bis die Masse klebfrei, aber gut geschmeidig ist. Eventuell Mehl oder tropfenweise Wasser hinzufügen. Sie kann sofort verwendet werden, aber noch geschmeidiger wird sie, wenn man sie einen Tag, in einer Plastiktüte verschlossen, ruhen läßt. Salzteig kann auch lange aufbewahrt werden. Die geformten Teile werden auf Backpapier oder Alufolie 1-1½ Stunden bei etwa 100-150 Grad getrocknet oder leicht gebräunt. Wenn sie dauerhaft sein sollen, müssen sie auch lackiert werden, weil sie bei Luftfeuchtigkeit aufweichen. Salzteig kann man auch mit Zahnstochern mustern, mit Körnern oder Mohn verzieren, mit Kakao färben und bemalen.

In Frage kommen alle gängigen Bastelfarben, aber auch der Tuschkasten.
Salzteig eignet sich besonders für kleine Reliefbilder, flache Figuren, wie z. B. für den Weihnachtsbaum und Kränzchen aller Art. Für massive Figuren ist er nicht geeignet, sie sacken leicht zusammen.

Puderzuckermasse und Marzipan

Das sind Modelliermassen, die Kindern natürlich besonders gut gefallen, kann man doch beim Modellieren schlecken und die Ergebnisse sogar verzehren. Besonders geeignet für Dekorationen zum Kindergeburtstag. Puderzucker und Marzipan lassen sich mit Kakao oder Lebensmittelfarben (Drogerie oder Supermarkt) färben, mit Smarties, Liebesperlen, Schokoladenplätzchen oder Zuckerschrift verzieren.
Rezepte und Vorschläge auf S. 22 und 23.

Die kleinen Wandbilder sind die ersten Salzteigarbeiten 8jähriger Kinder.

Papiermaché

Selbsthergestelltes Papiermaché ist sehr preiswert und eignet sich nicht so sehr für massive Körper, sondern eher zum Umkleiden von Papierknäueln, Plastikflaschen u. ä. Auf diese Weise kann man große und dennoch leichte Figuren herstellen, wie z. B. Gartenfiguren oder Kasperköpfe.

Die Anfertigung erfordert etwas Geduld: man zerreißt Zeitungspapier, Eierkartons oder Küchenpapier in kleine Schnitzel. Einen halben Eimer davon übergießt man mit einer Tasse dick angerührtem Tapetenkleister und einer Tasse kochendheißem Wasser.
Weichen lassen, durchkneten, einen Tag stehen lassen und nochmals durchkneten. Die gut getrockneten Figuren können wie üblich bemalt und lackiert werden.

Unter dem Namen Papeture kann man auch feines Papiermaché in Pulverform kaufen, das nur mit Wasser angerührt werden muß.

Nina zeigt hier, wie sie einen Kasperkopf anfertigt. Sie gebraucht hier holzähnliche Modelliermasse, man verfährt aber ebenso mit Papiermaché.
In eine Konservendose steckt man ein paar schwere Steine, dann ein Stöckchen hinein. Das ist der Ständer für den Kopf, damit man beide Hände zum Arbeiten frei hat. Am oberen Ende klebst Du eine Papphülse fest, durch die Dein Zeigefinger paßt. Jetzt knüllst Du Zeitungspapier zu einem etwa faustgroßen Bällchen zusammen, schnürst es mit Bindfaden zusammen und steckst es auf die Papphülse. Das ist der Unterbau, auf den man jetzt die Masse aufträgt, Ohren, Nasen usw. ansetzt. Am Halsende darf eine Art Halskrause nicht fehlen, an der das Kleid befestigt wird.
Papiermaché trocknet langsam. Erst nach ein paar Tagen kann man den Kopf abnehmen und bemalen. Wenn er sehr schrumpe-

lig ist, kannst Du kleine Stückchen weißes Papier in Kleister tauchen und aufkleben. Das ergibt eine glattere Oberfläche.

Übrigens: Nina hat sich umentschlossen und statt des Kaspers ein Schweinchen als Handspielpuppe gebastelt. Man sieht es auf dem Foto.

Modellieren

So werden Grundformen modelliert

Es ist leicht, fast jede Figur zu modellieren, wenn man sie aus einfachen Grundformen zusammensetzt. Wie man diese Grundformen knetet, kann man auf den folgenden Bildern sehen. Zum Üben eignet sich am besten Ton.

Walzen oder „Würstchen" können schon die Kleinsten mit der flachen Hand ausrollen. Daraus entstehen Schlangen, Schnecken und Beine für Tiere und Menschen. (Abb. 1)

Kugeln, Halbkugeln und Eiformen werden durch Rollen zwischen den Händen oder auf einer Unterlage geformt. Schlägt man die Kugel kräftig auf eine Unterlage, ergibt sich eine Halbkugel. Die Eiform erhält man durch vorsichtiges Kneten der Kugel mit den Händen. Schneemänner, Käfer und Igel lassen sich sehr einfach aus diesen Elementen formen. (Abb. 2)

Würfel und Quader erhält man, indem man einen Tonklumpen gleichmäßig von allen Seiten auf eine Unterlage klopft. Häuser und Mauern lassen sich daraus formen. (Abb. 3)

Pyramiden und Kegel entstehen, wenn man eine dicke Walze an einem Ende durch Klopfen auf die Unterlage zeltartig formt oder durch Rollen eine Spitze modelliert. Aus diesen Elementen formt man Türme oder auch Tierkörper und z. B. die Engelleuchter auf Seite 38 (Abb. 4)

Aus den Grundformen entsteht ein Tier

Am Beispiel einer Katze kannst Du hier lernen, wie ein Tier zusammengesetzt wird. Die einzeln geformten Teile Kugel (= Kopf), dicke Walze (= Körper), vier dünne Walzen (= Beine) und eine längere Walze (= Schwanz) werden gut zusammengedrückt und die Ansatzstellen mit Ton verstrichen. Zwei winzige Kegel werden als Ohren angesetzt. Wenn die Teile schon ein wenig trocken sind, fügt man sie sehr einfach mit „Schlicker" zusammen. Das ist ein dickflüssiger Brei aus Ton und Wasser, mit dem die Elemente aneinander-„geklebt" werden. Das klappt auch sehr gut bei allen tonähnlichen Modelliermassen. Die zusammengefügte Grundform bekommt noch die typischen Zutaten angesetzt (z. B. beim Pferd die Mähne aus Röllchen, Hörner bei der Kuh usw.). Dann wird das Tier in eine lebendige Stellung gebracht. Man kann z. B. die Katze einen Buckel machen lassen, den Kopf zur Seite drehen oder sie hinsetzen. Nun überarbeitest Du das Tier noch einmal – das Fell wird durch Ritzen mit einem Zahnstocher angedeutet, die Krallen und die Augen werden eingekerbt oder aufgesetzt. Fertig! Gefällt es Dir noch nicht ganz? Dann versuche es noch einmal oder beginne mit einem einfacheren Tier.

Hier kann man erkennen, aus welchen Elementen die verschiedenen Tiere zusammengesetzt werden und (auf dem nebenstehendem Bild) wie sie im fertigen Zustand aussehen. Nach diesem einfachen System kannst Du eigentlich jedes Tier zusammensetzen. Die Körper von Elefant, Eule und Schildkröte wurden mit einem spitzen Küchenmesser von unten etwas ausgehöhlt, damit sie beim Brennen nicht platzen.
Die Locken des Schäfchens und das Fell des Hasen kannst Du mit einem Zahnstocher in den feuchten Ton einritzen. Die Schuppen des Fisches bestehen aus kleinen, flachgedrückten Kügelchen.

Sieh mal, sogar eine echte Schnecke hat sich dazugeschlichen!

Noch ein wichtiger Tip: Forme Deine Tiere so, daß sie keine dünnen, abstehenden Teile haben – sie würden nach dem Trocknen sehr leicht abbrechen.

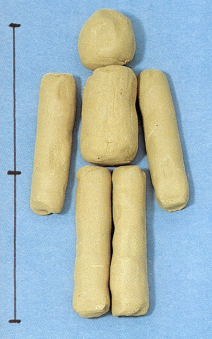

So modelliert man Menschen

Genau wie die Tiere werden die Menschen aus den Grundelementen erst gerade zusammengesetzt und dann in eine bewegte Stellung gebracht. So ist es für Anfänger am einfachsten. Wenn Du schon etwas Übung hast, kannst Du natürlich von vornherein z.B. die Beine abwinkeln oder den Rumpf beugen.

Du formst zuerst aus Kugeln und Walzen die Einzelteile, wie das Foto zeigt. Kopf und Körper werden aneinandergesetzt und gut verstrichen. Dann folgen Arme und Beine. Diese biegst Du am Ende zu Füßen um. Eventuell mußt Du an Bauch und Po noch Tonklümpchen auftragen.
Jetzt biegt man das Männchen vorsichtig in die gewünschte Haltung. Wenn dabei Risse entstehen, macht das gar nichts – sie werden mit feuchtem Ton verschmiert. Biege die Figur solange zurecht, bis sie lebendig wirkt. Dann kannst Du an die Ausschmückung gehen. Augen, Mund und Haare kann man einritzen, Nase und Ohren ansetzen.

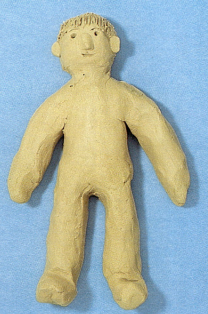

Dir fällt nichts ein? Dann beobachte einmal die Menschen, wie sie sitzen (steif oder ganz lässig), was sie tun (laufen, Sport treiben usw.) – dann kommen Dir bestimmt die tollsten Ideen.

Beim Formen von Menschen ist zu beachten, daß die Längenverhältnisse der Gliedmaßen ungefähr stimmen. Dafür gibt es die einfache Faustregel: Kopf und Körper zusammen sind etwa genauso lang wie die Beine und Füße. Die Arme reichen bis zu den Oberschenkeln. Sie geraten bei Kindern meistens zu kurz.
Diese Hinweise sollten allerdings erst Kinder ab etwa 9 Jahren beachten. Die Kleineren gehen besser ganz unbekümmert nach ihren Vorstellungen an ihre „Männchen" – sie geraten lebendiger und origineller.

Zwei 12jährige Jungen haben die sitzenden Figuren modelliert, die im Ausdruck gut getroffen sind.

Das anrührende Liebespaar hat ein 13jähriger Junge geformt – übrigens war dies erst seine zweite figürliche Tonarbeit.

Praktische Tips und Hinweise

Wie modelliert man große und ausladende Figuren?

Sehr große und dicke Figuren brauchen einen Kern, damit sie nicht in sich zusammensinken und man nicht so viel Modelliermasse verbraucht. Der Kern kann aus zusammengeknülltem Zeitungspapier, Styropor oder Schaumstoff bestehen. Wenn die Figur schwer werden soll, kann es auch ein Glas oder Stein sein. Dabei können eventuell Risse in der Umhüllung auftreten, weil die Modelliermasse durch das Trocknen etwas schrumpft. Die Risse kann man mit Masse zustreichen.

Sehr ausladende Teile bekommen ein Stützgerüst aus Draht. Kleine Teile lassen sich auch mit Streichhölzern zusammenfügen.

Dieser etwa 60 cm hohe Baum ist eine Gemeinschaftsarbeit von Eltern und Kindern. Er ist sehr vielseitig zu verwenden: als Adventskalender, wie auf dem Foto zu sehen, mit vielen Päckchen behängt oder als Geburtstagsbaum, mit Kerzen geschmückt. Im Frühling kann er mit Papierblüten und Ostereiern dekoriert werden oder zu Weihnachten mit Sternen und Engeln.

So wird er gemacht: Etwa 15 Stücke Blumendraht werden zusammengebunden und, wie das Foto zeigt, zu einem baumähnlichen Gerippe gebogen. An der „Wurzel" spreizt man die Drähte auseinander und befestigt sie an einem kräftigen Stein mit Draht, Mörtel oder 2-Komponenten-Kleber, z.B. Stabilit express. Nun umkleidet man die Drähte und den Stein mit holzähnlicher Modelliermasse (wir haben 3 Päckchen Plastika gebraucht). Solange die Masse feucht ist, kann man die Äste noch zurechtbiegen. Die Blätter werden geformt, auf ein Stück Draht und in die Äste gesteckt. Kleine, aus Blumendraht gebogene Krampen steckt man auf der Unterseite der Äste ein. Daran kann man nach dem Trocknen etwas anhängen. Um Ösen und Blätter einzustecken, hat man etwa 2 Tage Zeit, bevor die Modelliermasse hart wird.

Etwas Masse sollte man sich im Plastikbeutel aufbewahren, um eventuelle Risse verstreichen zu können.

Die Kinder fanden den Baum naturfarben am schönsten, deshalb wurde auf eine Bemalung verzichtet. So kommt eine bunte Dekoration auch am besten zur Geltung. Hübsch ist auch eine Dekoration mit bunten Vögeln oder Schmetterlingen. Kerzen können ganz einfach mit Wachsklebeplättchen, die man im Bastelladen kaufen kann befestigt werden.

Wie trocknet man die Arbeiten?

Figuren aus holz- oder tonähnlichen Modelliermassen stellt man zum Trocknen auf eine saugfähige Unterlage, z.B. dick zusammengefaltete Zeitung oder auf ein Drahtsieb. Je nach Dicke der Teile dauert es 2-8 Tage. Das Trocknen kann man bei den meisten Massen beschleunigen, indem man die Teile bei etwa 50 Grad im Backofen trocknen läßt. Dabei die Tür einen Spalt breit offen lassen, damit die Feuchtigkeit entweichen kann. Risse, die bei dicken Teilen eventuell entstehen, lassen sich mit Modelliermasse ausbessern. Flache Teile beim Trocknen ab und zu umdrehen, um ein Verziehen zu vermeiden.

Pilze formen kann jedes Kind – auch das kleinste. Hübsch bemalt oder glasiert sind sie eine Zierde für jeden Garten oder die Fensterbank.

Wohin mit angefangenen Figuren und angebrochener Modelliermasse?

Bei Fimo oder Cernit kann man die Arbeit jederzeit unterbrechen. Bei allen tonähnlichen Modelliermassen und bei Ton hüllt man angefangene Teile in eine Plastiktüte ein und sprengt ein paar Tropfen Wasser darüber, falls die Arbeit längere Zeit unterbrochen wird.

Angebrochene Packungen Modelliermasse müssen aber sorgfältig in Plastik eingewickelt werden. Mit ein paar Tropfen Wasser läßt sich etwas zu trockene Masse wieder geschmeidig kneten.

Wie kann man abgebrochene Teile wieder anfügen?

Von fertigen Figuren abgebrochene Teile können am einfachsten mit Klebstoff wie-

der befestigt werden. Für Kunststoffmodelliermassen benutzt man am besten Alleskleber z.B. Pritt. Alle lufttrocknenden Ton- und Holzmassen kann man mit Weißleim gut kleben. Bei entstandenen Lücken und ausgebrochenen Teilen flickt man am besten mit „Schlicker", d. h. man fügt die Teile mit breiig angerührter Masse zusammen und verschmiert damit auch die Ansatzstellen.

Bemalen, lackieren und wetterfest machen

Alle getrockneten Arbeiten lassen sich einfach bemalen und lackieren. Im Bastelladen gibt es eine große Auswahl an geeigneten Farben. Bevorzugt man eine matte Oberfläche, benutzt man Bauernmal- oder sogenannte Bastelfarben (z. B. Deka-Ziermann, Wacofin), die wetterfest sind. Glänzende Farben, die ähnlich aussehen wie eine echte Glasur, gibt es in deckenden und transparenten Farben (z. B. Keramigloss, Kerapaint, Plaka-Lack). Sehr angenehm für das Arbeiten mit Kindern ist, daß alle diese Farben wasserverdünnbar sind, leicht mischbar und die Pinsel mit Wasser auswaschbar sind, solange die Farben feucht sind. Für Figuren, die im Garten stehen sollen, empfiehlt sich ein zweimaliges Überlackieren mit farblosem Acryl-Lack. Ton, der bei 850 Grad gebrannt wurde, braucht nicht weiter behandelt zu werden – er ist wetterfest.
Figuren aus Fimo werden nach dem Brennen mit einem Speziallack extra für Fimo oder mit Acryllack lackiert.

Aus dicken und dünnen Tonwülsten, die auf eine ausgerollte Grundplatte gedrückt werden, ist dieser Baum entstanden. Kinder ab 6 Jahren können das schon.

Wie kann man eingetrocknete Modelliermasse und mißlungene Arbeiten wieder gebrauchsfähig machen?

Alle lufttrocknenden Modelliermassen auf Ton- und Holzbasis und Ton lassen sich wieder aufbereiten, auch wenn sie ganz trocken geworden sind.

Man zerbricht sie in Stücke, legt diese in eine Plastikschüssel und gießt so viel Wasser darüber, daß die Stücke etwa zu einem Drittel im Wasser schwimmen. Mit einer Plastikfolie verschließen und ein paar Tage weichen lassen, eventuell die Brocken einmal wenden. Dann die erweichte Masse verkneten oder mit dem Knethaken des elektrischen Handquirls vermischen. Wenn die Masse zu feucht ist, ein paar Tage offen stehen lassen, bis sie knetfähig ist. Andernfalls etwas Wasser zufügen.

Sicher macht es Euch großen Spaß, aus Marzipan und Puderzuckerteig süße Dekorationen für Geburtstage und andere Feste zu modellieren. Manchmal werden sie so schön, daß man sie gar nicht aufessen mag. Hier die Rezepte:

Puderzuckermasse:
500 g Puderzucker
1 Eiweiß
1 Eßlöffel Honig
etwas Mehl

Alle Zutaten gründlich verkneten. Ist die Masse zu fest, tropfenweise Zitronensaft unterkneten. Bei zu feuchter Masse Puderzucker hinzufügen. Hände zum Kneten eventuell leicht bemehlen.
Beim Modellieren einzelne Teile vor dem Zusammensetzen etwas anfeuchten oder mit Streichholzstückchen verbinden.
Die Figuren einen Tag trocknen lassen oder, wenn's eilig ist, im Backofen bei 50 Grad auf Backpapier trocknen.

Marzipan:
Am einfachsten ist es, man kauft Marzipanrohmasse beim Bäcker und verknetet sie mit Puderzucker im Verhältnis 2:1 (auf 100 g Marzipanrohmasse etwa 50 g Puderzucker). Man kann es auch selbst herstellen:
200 g gemahlene Mandeln
200 g Puderzucker
2 Eßlöffel Rosenwasser (stattdessen auch 1-2 Röhrchen Vanillearoma und etwas Saft) gründlich verkneten, bis es nicht mehr an den Fingern klebt.
Figurenteile lassen sich mit etwas Eiweiß oder Hölzchen zusammenfügen.

Zum Färben verknetet man jeweils eine kleine Kugel mit einem Tropfen Lebensmittelfarbe. Auch mit Kakao, Zimt oder Rote-Bete-Saft läßt sich färben, bloß darf man nicht zuviel davon nehmen, sonst schmeckt das Marzipan nicht mehr.

Zum Dekorieren von feinen Linien benutzt man am einfachsten Zuckerschrift (kann man kaufen). Bei größerem Bedarf füllt man eine kleine Plastiktüte mit breiiger Puderzuckermasse und schneidet ein winziges Loch hinein.

Am einfachsten sind die Mäuse zu formen: eine Kugel abflachen und eine Spitze zum Schnäuzchen ausformen. Mit Liebesperlen Augen und Schnauze eindrücken. Die Ohren bestehen aus halben Mandeln, das Schwänzchen aus einem Stück Lakritzschnecke.

Auch die Entchen sind leicht zu formen, und der Leuchtturm hat als Verstärkung einen Zahnstocher.

Bei den übrigen Figuren könnt Ihr sicherlich aus dem Foto gut erkennen, wie sie gemacht sind. Noch ein Tip: Marzipan ist etwas leichter zu formen als Puderzuckermasse.

Wenn man einen Kern aus Stein mit Modelliermasse verkleidet, spart man Material und bekommt zudem sehr schwere Figuren, die man gut als Buchstützen, Briefbeschwerer oder Gartendekoration gebrauchen kann.

Miriam bemalt hier gerade einen Vogel, dessen Entstehung Du auf dem kleinen Foto sehen kannst. Passende Steine werden mit Steinkleber (das macht vielleicht Euer Vater) zusammengeklebt oder mit Draht zusammengebunden. Das Ganze wird mit Modelliermasse verkleidet und geglättet. Wir haben für den Vogel und die Ente Plastika benutzt und für die Katze Reloton (eine tonähnliche Modelliermasse, die man sich aus Pulver anrührt).

Entenschwänzchen, Ohren, Schwanz usw. dazumodellieren. Eine Handvoll Masse im Plastikbeutel aufbewahren, denn beim Trocknen entstehen durch die Schrumpfung Risse, die man nach ein paar Tagen zustreichen kann. Wenn Euch die Form nicht so gut gefällt, könnt Ihr auch noch jederzeit Masse zusätzlich auftragen.

Laßt Eure Figuren sehr gut trocknen, bevor Ihr sie anmalt. Wenn sie draußen stehen sollen, benutzt Ihr wasserfeste Farben oder übersprüht sie mit Klarlack. Soll die Figur leicht werden, arbeitet Ihr einen Kern aus zusammengeknülltem Zeitungspapier, das Ihr mit Bindfaden fest zusammenbindet.

Die kleine „Kräuterhexe" hat einen Kern aus zwei Steinen und wurde mit selbsthergestelltem Papiermaché umkleidet und wetterfest bemalt. Sie steht natürlich im Kräuterbeet.

Auf diesen Seiten findet Ihr allerlei Dinge, die den Garten, die Terrasse oder die Fensterbank verschönern.

Aus weißem und braunem Ton sind die Pflanzgefäße in Form von Hase und Gans. Man formt dicke Kugeln für Kopf und Bauch, höhlt sie mit einer Drahtschlinge aus und setzt sie dann zusammen.

Die Höhlung im Bauch darf natürlich nicht zu klein sein, wenn eine Pflanze darin Platz haben soll. Gut geeignet sind Pflanzen, die klein bleiben, z.B. Kakteen.

Die 6jährige Miriam formte die Gans aus einem dicken, eiförmigen Tonkloß, den sie aushöhlte. Aus einer Rolle setzte sie Hals und Kopf, aus zwei dreieckigen Platten die Flügel an. Die Tiere wurden einmal gebrannt, dann sparsam bemalt und von außen lackiert. Wenn Ihr nichts Wässriges hineinfüllt, sondern z.B. Bonbons oder Nüsse, könnt Ihr solche Tiergefäße auch aus allen anderen Modelliermassen formen. Im übrigen gibt es Bastelgeschäfte, die Eure Figur gegen eine geringe Gebühr brennen.

Das Vogelhäuschen wird aus Platten zusammengesetzt, die man wie Plätzchenteig ausrollt und zurechtschneidet (siehe dazu S. 28). Damit die Vögel besser halten, sind sie mit einem Stückchen Blumendraht aufgesteckt.

Das Häuschen ist einmal gebrannt, mit farblosem Lack besprüht und mit Plaka-Lack bemalt worden.

Die Vogelmutter, die ihre Jungen im Nest füttert, ist nicht schwer zu formen. Die Grundplatte ausrollen, eine halbkreisförmige Platte als „Nest" aufsetzen und von den Vögelchen nur Kopf und Hals formen und ins Nest setzen. Federn und Nestmuster mit einem Zahnstocher einkratzen.

==Kleine Fotorähmchen== aus Fimo können schon Fünfjährige basteln. Aus einer schön weichgekneteten Kugel wird eine kleine Platte ausgerollt, der Ausschnitt mit einem Küchenmesser ausgeschnitten und alle Ränder geglättet.

Für den Rahmen in der Mitte wird eine Rolle geformt, zum Ring verbunden und flachgedrückt. Aufsetzen kann man kleine Figuren, aber auch Perlen, Muscheln, Glitzersteine usw. Einen Drahthaken zum Aufhängen einstecken. Auch Türschilder oder kleine Spiegel kann man auf diese Weise formen.

==Für die Terrasse== haben Karen und Christiane, beide 10 Jahre alt, die Vogeltränken aus Ton gemacht. Einige Vögelchen sitzen schon da, um ihre Kollegen anzulocken. Ein dicker Igel aus Ton hat sich ebenfalls dazugesellt.

Übrigens: wäre das nicht ein schönes Geschenk für Deine Eltern?

Wie man den Teller herstellt, siehst Du auf den Fotos. Du brauchst Ton oder eine Modelliermasse, die Du durch Lackieren wasserfest machen kannst. Außerdem einen tiefen Teller, 2 Leisten, etwa 1 cm stark und ein Rundholz, außerdem etwas Frischhaltefolie.

Ein großer Klumpen Ton wird flachgeklopft und dann mit einem Rundholz zu einer etwa 1 cm dicken Platte ausgewalzt. Dabei läuft das Rundholz auf den seitlichen Leisten. So wird die Platte gleichmäßig dick. Das ist wichtig, damit sich der Teller beim Trocknen nicht verzieht.

Die Platte legt man auf einen tiefen Teller, der mit Frischhaltefolie abgedeckt ist. Eindrücken, Rand abschneiden und etwas abrunden. 2 Tage in der Tellerform trocknen lassen, umstülpen und Folie abziehen. Eine Woche auf Zeitungspapier trocknen lassen. Die Vögel modelliert man am besten getrennt und setzt sie lose zur Tränke.

Die einmal gebrannten Teller und Figuren wurden mit wetterfesten Farben bemalt und zweimal mit Klarlack übersprüht.

Kosten wenig und sind leicht zu machen: Tierbroschen aus Fimo. Eignet sich toll als Preis beim Kinderfest!

Jede Menge lustiger Tierbroschen siehst Du hier zur Anregung oder zum Abgucken; von Kindern zwischen 4 und 10 Jahren aus Fimo geknetet. Weil es sich besonders fein formen läßt, eignet es sich gut für kleine Teile. Nach dem Backen (siehe dazu Kapitel über Modelliermassen, die im Backofen härten) mit Stabilit express eine Broschennadel aufkleben. Man kann sie im Bastelladen kaufen.

Wenn Du schon etwas Übung im Formen von kleinen Teilen hast, kannst Du Dich an ein Bäumchen wagen, das sich als Wandschmuck hübsch macht. Aus Rollen formst

Du den Stamm und die Äste und drückst sie etwas flach. Die Blätter zu formen, ist Geduldsarbeit. Kleine Kügelchen werden flachgedrückt, an einer Seite etwas spitz geformt und an den Ästen befestigt. Mit einem Küchenmesser kannst Du Blattadern eindrücken. Das Bäumchen kann man ausschmücken mit Vögelchen, Blüten, Obst, Schmetterlingen usw. Auf einer Unterlage aus Backpapier etwa 13 Minuten bei 130 Grad im Backofen härten. Eventuell dann noch mit Fimo-Lack lackieren.

Wandhaken – aus Fimo gemacht – sind ein hübsches Geschenk für Freunde und sich selbst. Sie werden mit beidseitig klebendem Teppichband an Tür oder Wand befestigt. Auch Türschilder lassen sich in dieser Art gestalten. Anregungen für viele Motive findet Ihr, wenn Ihr dieses Buch durchblättert.

Auf diesen beiden Seiten seht Ihr Bilder, die auf eine Grundplatte aufmodelliert sind. Diese Art Bilder nennt man Reliefs.
Das Schäfchen und die Gans sind aus Backofenknete (Fimo oder Cernit). Man muß sie in kleineren Portionen zuerst mit den Händen erwärmen, damit sie sich gut formen läßt. Der Untergrund, die Wiese, wird aus flachgedrückten Kugeln geformt. Wenn man Backpapier als Unterlage benutzt, kann man es darauf in den Backofen legen. Fimo kann man durch Zusammenkneten sehr gut mischen, so daß Ihr genau den Farbton mischen könnt, den Ihr für eine Wiese am schönsten findet. Die Teile für Schaf und Gans werden etwas angedrückt, ebenso Blümchen, Blätter usw. Die Löckchen dreht man aus winzigen Röllchen oder man drückt Fimo durch die Knoblauchpresse. Am besten mit einem Zahnstocher die Löckchen aufbringen und nicht zu platt drücken. Das Ganze etwa 12 Minuten bei 130 Grad backen. Nach dem Abkühlen matt oder glänzend mit Fimo-Lack lackieren. Gans und Schaf werden als Handtuchhaken im Badezimmer benutzt. Dazu wurde einfach ein Schraubhaken aus Messing eingedreht.

Die kleine Nixe, die hier aus den Fluten auftaucht, stammt wohl aus einem Unterwasserschloß, denn sie hat goldene Haare und einen Glitzerstein im Bauchnabel! Sie ist aus Salzteig geformt.

Lest zuerst nach, wie Salzteig hergestellt wird (S. 10). Rollt auf Backpapier eine Grundplatte aus, etwa 1 cm dick. Ein langes Röllchen wird als Rahmen herumgelegt. Die Nixe ist aus Einzelteilen aufmodelliert, die Haare sind mit der Knoblauchpresse hergestellt, in den Schwanz wurde ein Schuppenmuster gedrückt. Wenn Ihr das Bild aufhängen möchtet, nicht vergessen, einen Drahthaken einzudrücken.

Glitzersteinchen, Perlen, Körner usw. können zusätzlich schmücken.

Nach dem Backen wurde dieses Bild mit verdünnten Metallicfarben und Bastelfarben bemalt.

Habt Ihr nicht Lust, solche Bilder zu formen? Wie wär's mit einer Frühlingswiese mit bunten Blumen und Schmetterlingen? Oder mit einem Gespensterschloß, das einsam auf einem hohen Berg steht und von Gespenstern und Vampiren nur so wimmelt? Bestimmt habt Ihr schon eine Idee!

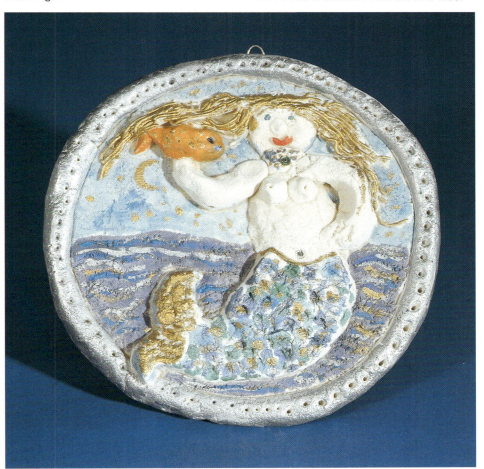

Der 10jährige Thomas hat hier „Adam" und „Eva" als Reliefbild aus Fimo dargestellt und auf eine bemalte Sperrholzplatte geklebt.

Solche hübschen Kästchen aus Kiefernholz mit einer Glasscheibe vorn kann man im Bastelladen kaufen. Wenn man die Rückwand bemalt und modellierte Figuren hineinstellt, so nennt man das „Diorama", das ist ein Guckkasten oder Schaubild. Am Beispiel von „Sterntaler" könnt Ihr hier lernen, wie man so ein Schaubild macht.

Du nimmst zuerst die Rückwand heraus und malst den Hintergrund des Bildes, hier ist es der Wald mit dem Sternenhimmel. Dann modelliert man die Figuren und malt sie an. Bei unserem Beispiel ist es Sterntaler, ein Tannenbaum, ein Hase und ein kleiner Pilz. Der Vordergrund wird von innen auf die Glasscheibe gemalt (Pilze, Blumen, Schmetterling). Hier wurde für die Umrisse wasserfester Filzstift gebraucht, zum Ausmalen matte Bastelfarben, die auf Glas gut haften. Jetzt setzt Du die Figuren in das

Kästchen (evtl. festkleben) und die bemalte Rückwand ein. Als Besonderheit hängt hier an einem unsichtbaren Fädchen noch ein Stern aus Goldfolie in der Mitte.

Der kleine Guckkasten, in dem ein Kind mit einem Schlitten den Berg hinuntersaust, hat noch einen Gag. Es wurde Salz als „Schnee" eingefüllt. Durch Bewegen des Kästchens kannst Du die Schneeberge verändern. Schneeflocken und Wolken sind auf die Scheibe gemalt.

Statt eines Holzkastens kannst Du auch eine stabile Pappschachtel für ein Schaubild gebrauchen, anstelle des Glases starke Plastikfolie (alte Verpackungen).

Die 11jährige Karen modellierte den Prinzen, der auf seinem Pferd zu „Rapunzel" reitet, die ihren goldenen Zopf aus dem Fenster hängt.

Püppchen läßt zum Frühstück bitten – es speist von einem Service, geformt aus Colorplast. Sogar ein Glas Marmelade und Brötchen sind dabei.

Bis auf die Kännchen sind die Teile leicht zu formen. Für die Teller drückt man eine etwa 5 DM große Kugel flach. Den Rand ein wenig hochbiegen, aus winzig kleinen Kügelchen das Blümchen, und den Rand aus einem ganz dünnen Würstchen eindrücken. (Wer das schwierig findet, kann das Service auch nach dem Härten bemalen.) Für Vase, Tassen und Kännchen formt man eine Kugel, drückt die Öffnung mit einer Filzstiftkappe ein. Die Henkel zum Ansetzen gut anfeuchten.

Colorplast wird durch das Trocknen sehr viel kleiner, deshalb unbedingt von vornherein etwas größer arbeiten. Die Gefahr des Verziehens ist bei flachen Teilen, wie z.B. den Tellern, besonders groß. Während des Trocknens deshalb ein paar Mal pro Tag umdrehen.

Der kleine Pinguin rutscht – von seiner Mutter bewacht – einen Eisberg hinunter. Der Schneemann steht im Wald. Wenn man das Glas schüttelt, bricht ein ordentliches Schneegestöber aus. Solche Schneekugeln kennt Ihr sicher. Aber habt Ihr nicht Lust, selbst einmal eine zu machen? Du brauchst ein Marmeladenglas mit einem gut schließenden Deckel. Aus Fimo oder Cernit (wasserfest) formst Du Deine Figuren, backst sie wie üblich und klebst sie mit Alleskleber im Deckel fest. Die Krümel für den Schnee sind etwas schwierig zu beschaffen. Man kann Kreide raspeln, aber die Krümel lösen sich nach einiger Zeit auf. Weiße Kunststoffschnipsel sind am besten geeignet. Bitte doch Deinen Vater, von einem ausgedienten weißen Kunststoffgegenstand Späne abzuraspeln. Oder Du benutzt die Krümel einer alten Schneekugel. Vielleicht hast Du selbst eine bessere Idee. Dann nur noch Wasser hinein, den Deckel gut zugeschraubt und das Schneegestöber kann beginnen.

Der freundlich lächelnde Engel begrüßt einen zur Adventszeit an der Haustür. Er ist etwa 25 cm groß und von Christiane, 10 Jahre alt, aus holzähnlicher Modelliermasse geformt worden. Zuerst rollte sie die Masse mit einem Rundholz zu einer etwa 1 cm dicken Platte aus, schnitt das Kleid aus und setzte aus einer flachgedrückten Kugel den Kopf an. Arme und Beine sind aus Röllchen angesetzt. Beim Verbinden gut anfeuchten. Die Flügel von hinten gut andrücken. Um die feinen Röllchen für die Haare zu formen, wurde die Masse durch eine Knoblauchpresse gedrückt. In den Kopf und die Hände kleine Drahtschlaufen eindrücken, damit man den Engel auf- und Sterne anhängen kann. Zum Trocknen legt Ihr den Engel auf dickes Zeitungspapier. Er muß öfter mal gewendet werden. Nach dem Bemalen muß er noch lackiert werden, damit er wetterfest wird. Der Engel könnte auch Päckchen tragen und als Adventskalender dienen.

Christiane hat zum Bemalen teilweise Metallicfarben benutzt, das wirkt sehr festlich. Ihr bekommt sie im Bastelladen.

Recht rustikal wirken die Leuchterengel, mit denen zwei kleine Jungs ihren Eltern Freude bereiteten. Sie sind aus Ton geformt, einmal gebrannt (die Lehrerin hat das für sie getan) und mit Plakafarben bemalt. Der Körper wurde von innen leicht ausgehöhlt, damit der Ton beim Brennen nicht platzt.

Diese schöne Krippe ist die Gemeinschaftsarbeit einer ganzen Schulklasse und möchte Dir als Anregung dienen. Die Figuren sind aus holzartiger Modelliermasse geformt. Die Tierfiguren haben Zahnstocher als Stützen in sich, die Palme einen Schaschlikstab. Die Oberfläche der Figuren wurde nach dem Formen sehr sorgfältig mit feuch-

ten Fingern geglättet, um das Anmalen zu erleichtern.
Der Stall hat ein Pappgerüst, das mit Stroh beklebt wurde, eingesetzte Aststücke bilden die Stützen. Die Krippe kann man jedes Jahr um einige Figuren ergänzen.

Räucherweihnachtsmänner und selbstgemachte Lichter schmücken hier ein Weihnachtsfenster, das von Nina und Miriam dekoriert wurde, damals 5 und 6 Jahre alt.

Die Rauchmänner sind aus rotbraunem Keramiplast angefertigt. Sie sind nicht so schwierig zu modellieren, wie es auf den ersten Blick aussieht. Wichtig ist, daß sie vom Rock bis zum Kopf hohl sind. Denn darunter wird ein Duftkegel angezündet. Der würzige Rauch quillt dann aus dem Mund heraus. Es sieht aus, als rauche der Weihnachtsmann wirklich. Die Kegel mit den verschiedenen Gerüchen (z. B. nach Wald, Weihrauch, Holz u. ä.) kann man in der Drogerie kaufen.

Und so werden sie gemacht: Ihr formt zunächst eine etwa 1 cm starke Platte, schneidet sie etwa halbkreisförmig zurecht und fügt sie zu einem hohlen Kegel zusammen. Gut verschmieren. Eine Kugel für den Kopf formen, aushöhlen, aufsetzen und ein kleines Loch als Mundöffnung ausschneiden. Alles übrige, wie Mütze, Arme, Bart etc., wie üblich ansetzen. Miriams Weihnachtsmann hat sogar eine Pfeife bekommen. Wenn Ihr noch einen Drahthaken in die Hände einsteckt, könnt Ihr Tannenzweige oder eine Rute daran befestigen. Die Männchen werden lose auf eine Grundplatte gestellt. Nach dem Trocknen kann man sie anmalen oder, wie hier, farblos lackieren.

Die kleinen Lichter sind ebenfalls ganz einfach zu formen. Die Kinder benutzten Ton, den sie mit einem Kunstharzbinder vermischten, so daß er ohne Brennen ziemlich hart wird (siehe dazu Kapitel Selbsthärtender Ton). Sie formten Kugeln und höhlten sie mit einer Drahtschlinge aus, wie sie auf S. 3 abgebildet ist. Mit Daumen und Zeigefinger zu einem hübschen Gefäß formen. Nach dem Trocknen bemalen und lackieren. Dann Wachs schmelzen und einfüllen. (Das solltet Ihr unter Aufsicht Eurer Eltern machen!) Ein Loch mit einer dicken Nadel einstechen und ein Stück Kerzendocht einstecken (von einer einfachen Kerze oder aus dem Bastelladen). Fertig ist Euer weihnachtliches Windlicht.

So eine Mini-Krippen-Szene ist ein wunderschönes Adventsgeschenk. Ihr könnt sie aus Ton oder selbsthärtender Masse machen. Die „Felsenhöhle" wird aus zwei Platten geformt. Die Figuren setzt man lose hinein. Um das Ganze etwas zu beleuchten, formt man für eine Kerze einen Halter dazu. Wenn Ihr Lust habt, bemalt Ihr die Figuren, aber, wie Ihr seht, sehen sie auch unbemalt schön aus.

Auf diesen und den letzten Seiten findest Du noch ein paar Anregungen zum Modellieren.

Nina und Martin spielen gerade mit einem Hühnerhof. Aus holzähnlicher Modelliermasse, die an der Luft trocknet, haben 10jährige Kinder Hühner, einen Hahn, Küken, eine Henne auf dem Nest, Eier, Futternäpfe und eine Bäuerin geknetet und bemalt. Sehr praktisch ist der Hühnerstall. Er besteht aus einem Kinderschuhkarton, der innen bemalt, außen mit Stoff beklebt ist.

Wenn die Hühner abends in den „Stall" müssen, klappt man den Deckel zu, und das Spielzeug ist gleichzeitig ordentlich aufgeräumt. Wenn Du Lust hast, mach Dir doch einen ganzen Bauernhof.

Wenn Du Tiere wie die Katze oder die Pferde modellieren möchtest, lies zuerst auf S. 14 nach, wie man das anfängt.

Das ganze Jahr über kann man die Tonschale mit den Figuren zu verschiedenen Dekorationen gebrauchen. Hier wurde sie für den Frühling geschmückt. Es wurde eine Art Schale geformt, auf deren Rand insgesamt 8 Mädchen- und Jungenfiguren sitzen können, die aber einzeln modelliert sind und beliebig angeordnet werden können. Im Schalenwulst sind 8 dickere Löcher für Kerzen, Blumen usw. eingestochen, und dazwischen kleine Löcher, in die man mit Hilfe eines Drahtes noch andere Figuren, Trockenblumen, Bonbons o.ä. einstecken kann. Zum Geburtstag könntest Du Kerzen einsetzen, in die Mitte kleine Überraschungen legen und die Kinder „gratulieren" lassen. Im Sommer z. B. läßt man Gänseblümchen oder Schwimmkerzen darin schwimmen. Auch Moos und Schneckenhäuschen passen hübsch hinein, Fähnchen kann man in die kleinen Löcher stecken – kurz – zu jedem Anlaß kann man sie gut gebrauchen.

Für die Schale muß eine Platte ausgerollt werden (etwa so groß wie ein Eßteller), wie auf S. 29 beschrieben. Eine etwa 5 cm dicke Rolle formen, auf die Platte legen und gut verschmieren. Die dicken Löcher mit einem Stift, die dünnen mit einer Stricknadel einstechen. Die Figuren, wie in der Grundanleitung beschrieben modellieren.

Die Teile wurden gebrannt und glasiert, dann mit Plaka-Lack bemalt. Wenn die Schale nicht unbedingt ganz wasserdicht sein muß, läßt sich auch jede beliebige tonähnliche Masse verwenden.

Hase, Bär und Katze sind hier Behälter für Oster- und Zuckereier. Aus Salzteig kinderleicht zu formen! Eine faustgroße Kugel etwas flachdrücken, die Vertiefung mit einem (hartgekochten!) Ei eindrücken. Kopf aus einer Kugel formen, flachdrücken und ansetzen, das übrige aus Röllchen modellieren. Zum Backen das Ei in Alufolie einschlagen und in die Vertiefung legen, damit sich die Höhlung nicht verformt. Anmalen und überlackieren. Wenn Du die Figuren mit Bonbons, Smarties oder Überraschungen füllst, wäre es auch eine tolle Dekoration für Geburtstagsgäste.

Auswahl aus über 420 TOPP-Titeln

Mit Papier gestalten

1099 Wurst, Papier falten und kleben
788 Sakata, Origami
861 Stettler, Papierfiligrane = Quilling
924 Wurst, Quilling Vorlagen DIN A 4
714 Kühnemann, Scherenschnitte
869 Wurst, Spaß mit Tapetenresten
1093 Lütkebohmert, Laternen

Mit Farbe gestalten

601 Gaißer, Papierbatik
767 Gaißer, Marmorieren
1061 Braren, Aquarellmalerei Einführung
900 Stähle, Kalligraphie

Plastisch gestalten

910 Hettinger, Freude am Modellieren
1094 Zechlin, Modellieren mit Kindern
922 Terhoeven, Bilder modellieren
985 –, Exquisiter Schmuck aus Fimo
1083 Kühnemann, Mod. Ketten modelliert
793 Hettinger, Salzteig, Bilder + Figuren
868 Hettinger, Salzteig, neue Ideen
1002 Buresch, Salzteig, Schritt für Schritt
911 Buresch, Puppenkurs (Salzteig)
1019 Hettinger, Salzteig, Neue Wege
878 Rübsam, Keram. Gefäße gegossen
858 Kaupisch, Freizeittöpfern
1010 Niederreuther, Gießtöpfern
1020 Lumm, Keramik bemalen
1046 Rosin, Glasuren und Anwendung

Mit Blumen gestalten

859 Rohrer, Dekoration. m. Schnittblumen
1032 Matsunaga, Ikebana Tischgestecke
842 Dilger, Winterliche Gestecke
1008 Frank, Gepreßte Naturschönheiten
932 Holl, Natur-Collagen
978 Holl, Zierbäumchen aus Naturmaterial
903 Schurr, Bäumchen + and. Dekorat.
913 Walz, Kränze aus Naturmaterial
1095 Walz, Kränze als Heimschmuck
961 Seehuber, Chiemg. Kostbarkeiten
1047 –, Chiemgauer Gebinde elegant
1066 Schwarz, Biedermeiergebinde
970 Raffel, Trockenblumen gestalten
966 Schurr, Geschmücktes Heim
999 Roder, Hüte folkloristisch dekoriert

Mit Naturmaterial gestalten

703 Rensing, Basteln mit Körnern
1087 Walz, Zapfen, ein natürliches Material
713 Fleischer, Peddigrohr, prakt./dekor.
734 Jüngling, Stroh, Sterne + Schmuck
545 Kühnemann, Steine geklebt + bemalt
817 Roll, Bemalte und bedruckte Steine

Pflanzen- und Gartenhobby

914 Vocke, Hydrokultur
1011 Schurr Hochstämmchen selbstgez.
1085 Heuzeroth Bauerngarten
1013 –, Natürlicher Kräutergarten
1022 v. Hennet, Naturteich im Garten
794 v. Sengbusch, Feldbackofen

Mit Holz gestalten

698 Friedrichs, Laubsägen
1068 Wieser/Weller, Holzschnitzen
528 Jeep, Kerbschnitzen
585 Wilhelm, Drechseln für jedermann
956 Wilhelm, Drechseln, Mappe 2
642 Lumm, Brandmalkunst
931 Grauwiller, Brandmalerei-Dekore
632 Weiß/Steinigans, Wäscheklammern
927 Glende, Orig. a. Wäscheklammern
718 Lumm, Volkskunst Bauernmalerei
530 Kühnemann, Bauernmalerei, Einfg.
829 Gratzl, Spanschachteln, Mappe 13
1059 Erd, Naturnahe Blumenmalerei, 20

Glas und Porzellan

702 Brunner, Glasritzen
765 Kühnemann, Glasritzen, Mappe
766 Lumm, Glasritzschule, Mappe
777 Kühnemann, Glasätzen
893 Lederle, Glasätzen Spiegel, M. 2
804 Pratsch, Glasbilder nach Tiffany
855 Pratsch, Lampen in Tiffany-Technik
976 Remmert, Gewächshäuschen nach Tiffany, Grundaufbau
972 Kerscher, Tiffany 9 – Lampen
974 Pratsch, Tiffany 11 – Fenster
975 Remmert, Tiffany 12 – Spiegel
994 Falkenstein, Tiffany 13 – Fensterbilder
1054 Wilfer, Tiffany 18 – Glashäuschen
1071 Oelmaier, Tiffany 19 – Spiegel
1030 Haarhaus, Tiffany 20 – Glasobjekte
1097 Lembke, Tiffany-Schmuck
803 Lumm, Porzellan-Malschule
935 Kesten, Porzellanmalerei
1014 Viggiani, P-malerei terzo fuoco
1015 –, Die Kunst der Porzellanmalerei
990 Sigg, Porzellanmalerei Mappe
916 Polla, Malen auf Porzellan

Metallarbeiten

925 Schöni, Kupferritzen
548 Neumann-Leiminger, Metalldrücken
982 –, Metalldrücken Vorlagen-Mappe
658 Göhs, Galvanisieren
920 Haid, Aus Gold- und Silberdraht
751 Meidenbauer, Zinnfiguren

Textiles Werken

864 Diekmann, Garne spinnen
675 Kühnemann, Weben - Einführung
905 Täubner, Weben mit Stäbchen
832 Frankl, 124 Strickmuster
856 Fischer, Kunststricken – Einführung
963 Fischer, Kunststricken 2
611 Zechlin, Wollreste
511 Buchwald, Hüttensocken gestrickt
1005 Piechulek, Strickmützen
958 Sorger, Stickerei als Volkskunst
948 Frankl, Spitzen für Taschentücher
1072 Harms, Bordenstickerei
1077 Brüggemann, Hardanger Stickerei
744 Bellon, Klöppeln – erklärter Lehrgang
1055 Simon, Bilderklöppeln, Mappe 9
1070 Saupe, Klöppel-Kunst

791 Graff-Höfgen, Occhi – Einführung
895 Walz, Neue Blumenampeln
929 Niesseler, Makramee und Weben
943 Wenzky, Sprang
947 Peltola, Nähen mit der Nähmaschine
1076 Meinhardt, Freizeitkleidung nähen
1003 Kühnemann, Spannquadrate
810 Glende, Applikationen

Stoffe färben + bemalen

633 Wildschütte, Batiken – Lehrgang
1016 Schmidt, Stoffdruck Wege
1084 Blenkers, Textiles m. mod. Gags
769 Digne, Auf Seide malen
849 Kühnemann, S'.malen Grundtechn.
1006 Barthelmes, S'malerei Modetrend
1024 Sakai, Seidenmalerei Mappe 7
971 Keller, Seidenmode, handbemalt
1065 –, Watt. Pullover aus bemalter Seide
1064 –, Seidentücher
1063 Fausel, Krawatten aus Seide bemalt
949 Gaißer, Marmorieren auf Seide
813 Krauss, Textile Miniaturen

Puppen + Spieltiere

1027 Reinckens, Puppen zum Liebhaben
957 Ganter, Puppenkinder . . .
986 Franck, Puppengarderobe 1
987 Franck, Puppengarderobe 2
1036 Rasimus, Nähen für Puppen
946 Aurin, Puppenkleidung stricken
938 Seyd, Porzellanpuppen
1025 –, Puppenkleidung für Babypuppen
1053 –, Puppenkldg. f. Charakterpuppen
996 –, Buchhalter, Milieufiguren
863 Wittke, Gestrickte Handspiel-Tiere
1004 Zechlin, Stofftiere mit Pfiff
1078 Seyd, Stilvolle Teddys nähen

Weihnachten und Ostern

743 Wurst, Adventskalender
1018 Glende, Adventsschmuck zeitlos
731 Kühnemann, Basteln Weihnachten
965 Kauffmann, Weihn. Raumschmuck
1017 Glende, Christbaumschmuck
1090 Hettinger, Weihn. Basteln
843 Walz, Weihnachtliches aus Stroh
1000 Haid, Rauschgoldengel
728 Rensing, Wir basteln Krippenfiguren
730 Frischmann, Figuren für die Krippe
1009 Bösch, Krippendarstell. aus Rupfen
1089 Erlenmaier, Krippenfiguren aus Ton
923 Walz, Fröhliches Osterbasteln
1000 –, Familienbasteln zu Ostern
1056 Rensing, Österlicher Schmuck
1029 Holl, Gestecke für Ostern + Frühjahr
991 Harms, Das schöne Ei
1058 Köhler, Kunst auf Eiern, Band 1

Verschiedenes

745 Buttig, Das ganze Jahr Kinderfest
928 Scholz, Perlen gesteckt + gewebt
784 Zimmermann, Perlen
1025 Kerzen verzieren
1069 Schray, Kerzen tunken
589 Zechlin, Einbetten in Gießharz
1074 Fasnacht, Stegemail
1041 Kühnemann, Kristallglas-Kugeln
1060 Hettinger, Kästchen + Dosen
937 Laue, Hübsch verpacken